# SENTIMIENTOS IMPORTANTES

# SENTIRSE ALEGRE

por Mary Lindeen

**Norwood House Press**

**ESTIMADO (A) CUIDADOR (A),** Los libros de la serie Comenzando a Leer - Grandes Sentimientos apoyan el aprendizaje social y emocional (ASE) de los niños. Se ha demostrado que el ASE promueve no sólo el desarrollo de la autoconciencia, la responsabilidad y las relaciones positivas, sino también el rendimiento académico.

Investigaciones recientes revelan que la parte del cerebro que gestiona las emociones está directamente conectada con la parte del cere que se utiliza en tareas cognitivas como la resolución de problemas, lógica, razonamiento y pensamiento crítico, todo lo cual es fundamen para el aprendizaje.

El ASE también está directamente vinculado con lo que se conoce como Habilidades del Siglo XXI: colaboración, comunicación, creativid y pensamiento crítico. Los libros incluidos en esta serie de ASE ofrecen un acercamiento temprano para ayudar a los niños a desarrollar l competencias que necesitan para tener éxito en la escuela y en la vida.

En cada uno de estos libros, los niños más pequeños aprenderán a reconocer, nombrar y manejar sus sentimientos, al tiempo que aprende que todo el mundo comparte las mismas emociones. Esto les ayuda a desarrollar competencias sociales que les beneficiarán en sus relaciones con los demás, lo que a su vez contribuye a su éxito en la escuela. Además, los niños también practican habilidades lectoras tempranas mientras leen palabras de uso frecuente y vocabulario relacionado con el contenido.

Los materiales de la parte posterior de cada libro le ayudarán a determinar el grado de comprensión de los conceptos por parte de su hijo proporcionarán diferentes ideas para que practique la fluidez y le sugerirán libros y páginas de internet con lecturas adicionales.

Lo más importante de la experiencia de lectura con estos libros, y con todos los demás, es que su hijo se divierta y disfrute leyendo y aprendiendo.

Atentamente,

*Mary Lindeen*

Mary Lindeen, autora

Norwood House Press

For more information about Norwood House Press please visit our website at www.norwoodhousepress.com or call 866-565-2900.
© 2022 Norwood House Press. Beginning-to-Read™ is a trademark of Norwood House Press.
All rights reserved. No part of this book may be reproduced or utilized in any form or
by any means without written permission from the publisher.

**Editor:** Judy Kentor Schmauss    **Designer:** Sara Radka    **Consultant:** Eida Del Risco

**Photo Credits:** Getty Images: 10'000 Hours, 21, Camille Tokerud, 22, Digital Vision, cover, 1, EyeEm/Anastasiya Stoeva, 17,
Hill Street Studios, 18, Jacobs Stock Photography Ltd, 10, Jose Luis Pelaez Inc, 14, kate_sept2004, 9, Klaus Vedfelt, 26, martin-
dm, 25, PeopleImages, 3, praetorianphoto, 5, Russell Monk, 29, sarahwolfephotography, 13, Westend61, 6

Library of Congress Cataloging-in-Publication Data
Names: Lindeen, Mary, author.
Title: Sentirse alegre / por Mary Lindeen.
Other titles: Feeling joyful. Spanish
Description: Chicago : Norwood House Press, [2022] | Series: A beginning-to-read book | Audience: Grades K-1 | Summary: "What does
    it mean to feel joyful? Readers will learn how to recognize and manage that feeling in themselves, and how to respond to others who
    feel that way. An early social and emotional book with Spanish-only text, including a word list"-- Provided by publisher.
Identifiers: LCCN 2021049935 (print) | LCCN 2021049936 (ebook) | ISBN 9781684507979 (hardcover)
    | ISBN 9781684047130 (paperback) | ISBN 9781684047215 (epub)
Subjects: LCSH: Joy--Juvenile literature. | Happiness--Juvenile literature.
Classification: LCC BF575.H27 L56718 2022 (print) | LCC BF575.H27 (ebook) | DDC 155.4/1242--dc23/eng/20211124
LC record available at https://lccn.loc.gov/2021049935
LC ebook record available at https://lccn.loc.gov/2021049936

Library ISBN: 978-1-68450-797-9            Paperback ISBN: 978-1-68404-713-0

Prestar atención a la bondad que te rodea hace que te sientas alegre.

Todo el mundo puede encontrar algo que le haga sentirse alegre.

Pero cada persona encuentra alegría en cosas diferentes.

¿Qué te hace sentirte alegre? ¿Escuchar música?

Tal vez es pasar tiempo al aire libre.

Tal vez te sientes alegre cuando estás con tu familia o amigos.

O te sientes alegre cuando estás haciendo o construyendo algo.

Lograr algo por lo que has trabajado duro también puede hacerte sentir alegre.

Ayudar a los demás
hace sentirse alegre
a mucha gente.

No siempre es fácil sentirse alegre.

Y nadie se siente alegre todo el tiempo.

Pero hay cosas que puedes hacer para sentirte alegre más a menudo.

Puedes poner atención al mundo que te rodea.

Busca cosas bonitas o cosas interesantes.

Encuentra formas de
ayudar a los demás.

Agradece a las
personas que te ayudan.

Dedica tiempo cada día a pensar en las personas y en las cosas que han hecho que tu día sea mejor.

¡Encuentra motivos para reír!

Reírse es una forma de demostrar tu alegría.

Sonreír es otra manera de demostrar tu alegría.

¡A veces todo tu cuerpo demuestra que te sientes alegre!

Pero a veces, la alegría está en tu interior.

Te sientes tranquilo, en calma y agradecido.

¿Qué puedes hacer para sentirte alegre hoy?

# Lista de palabras

| | | | |
|---|---|---|---|
| a | diferentes | las | puedes |
| agradece | duro | le | que |
| agradecido | el | libre | qué |
| aire | en | lo | reír |
| al | encontrar | lograr | reírse |
| alegre | encuentra | los | rodea |
| alegría | es | manera | se |
| algo | escuchar | más | sea |
| amigos | está | mejor | sentir |
| atención | estás | menudo | sentirse |
| ayudan | fácil | motivos | sentirte |
| ayudar | familia | mucha | siempre |
| bondad | forma | mundo | sientas |
| bonitas | formas | música | siente |
| busca | gente | nadie | sientes |
| cada | hace | no | sonreír |
| calma | hacer | o | tal vez |
| con | hacerte | otra | también |
| construyendo | haciendo | para | te |
| cosas | haga | pasar | tiempo |
| cuando | han | pensar | todo |
| cuerpo | has | pero | trabajado |
| de | hay | persona | tranquilo |
| dedica | hecho | personas | tu |
| demás | hoy | poner | una |
| demostrar | interesantes | por | veces |
| demuestra | interior | prestar | y |
| día | la | puede | |

## Sobre la autora

Mary Lindeen es escritora, editora, madre y, anteriormente, profesora de primaria. Ha escrito más de 100 libros para niños y ha editado muchos más. Se especializa en la alfabetización temprana y en libros para jóvenes lectores, especialmente de no ficción.